Manfred Krug, geboren am 8.2.1937, war in der DDR und später in der Bundesrepublik ein gefeierter Schauspieler, Sänger und Autor. Er schrieb mehrere Bücher, darunter den Bestseller »Abgehauen«. Manfred Krug starb am 21. Oktober 2016 im Alter von 79 Jahren.

Krista Maria Schädlich übersiedelte 1977 mit ihrer Familie aus der DDR in die BRD. Danach war sie als Lektorin in verschiedenen Verlagen tätig. Als enge Vertraute von Manfred Krug betreute sie alle seine Bücher. Seit 2007 freie Lektorin und Herausgeberin. 2019 schrieb sie mit Uschi Brüning das Buch »So wie ich«.

Moritz Götze wurde 1964 in Halle geboren. Arbeit als freier Maler und Grafiker, Gastprofessuren, zahlreiche Auszeichnungen. Er gestaltete u. a. das Erscheinungsbild der Leipziger Buchmesse und illustrierte bereits Manfred Krugs »66 Gedichte – Was soll das?«.

Als leidenschaftlicher Flohmarktgänger trug Manfred Krug ganz besondere Artefakte und Kuriositäten zusammen. Mit großer Anteilnahme las er Zeitung, sah fern oder den Menschen aufs Maul. Tollkühne Tiere, zünftiges Essen und Kinder liebte er, Handwerker nicht immer. Ihn interessierte der Gang der Zeit, in den Uhren wie im Universum. Das vorliegende Sammelsurium ist ein überaus amüsantes Zeugnis seines Stöberns, seiner Neugier, seiner Leidenschaft für alles Geschmackvolle. Moritz Götze, der bereits Manfred Krugs Gedichte illustrierte, bebildert dieses Geschenkbuch mit seinen Radierungen.

MANFRED KRUG

»Mir fällt gerade ein …«

EIN SAMMELSURIUM

Herausgegeben und mit einem Geleit
von Krista Maria Schädlich

Illustriert von Moritz Götze

kanon verlag

Entrée

»Mir fällt gerade ein«, dass Manfred Krug am 31. Januar 1998 in sein Tagebuch schrieb:

»17.30 Uhr mit einem jungen Maler telefoniert, auf den mich Kurt Bartsch aufmerksam gemacht hatte: Martin Götze. Der wollte meine alten Schlagertexte vermalen, was ich mir gar nicht recht vorstellen kann. Ich will ihm jetzt ein paar der neueren ›Gedichte‹ faxen. Sein Vater ist mit Kurt Bartsch befreundet und ist einer der Unterzeichner: Wasja Götze.«

Dass Martin in Wirklichkeit Moritz heißt, nur nebenbei. Als begeisterter Fan von Manfred Krug wird Moritz Götze das Buch »66 Gedichte – Was soll das?« (übrigens eines der meistverkauften Gedichtbücher der Nachkriegszeit) mit Buntstiftzeichnungen illustrieren, von denen Manfred Krug sagt, dass ihm bei der Betrachtung derselben das Wasser im Mund zusammenlaufe. »Der (Moritz) wird bald berühmt sein. Wenn er's nicht schon ist. Beeilung!«

Diesmal sind es Radierungen, die Moritz Götze, der Freund und Bewunderer von Manfred Krug, extra für dieses Büchlein angefertigt hat, und wieder läuft einem das Wasser im Mund zusammen, auch bei der Illustration zu einer Notiz:

»Heute habe ich erfahren, wie gesund Sauerkraut ist und daß der Weltumsegler James Cook durch das Verfüttern von Sauerkraut auf einer dreijährigen Reise erstmals das Ausbrechen von Skorbut bei seinen Matrosen verhindert hat. Daraufhin habe ich sofort frisches Sauerkraut gekauft und gegessen. Ergebnis: Durchfall.«

Moritz Götzes Radierungen sind der meisterliche i-Punkt auf die hier versammelten Fundstücke aus dem Nachlass. Denn neben klassischen Tagebüchern hinterließ Manfred Krug, der Genießer und passionierte Hobbykoch, auch literarische Schnappschüsse, Gedankenblitze, scharfe Beobachtungen und Weisheiten, die es unbedingt wert sind, in einem Büchlein versammelt zu werden. Man hört Manfred Krug geradezu, wie er seine Erkenntnisse mit seiner begeisterten und lauten Stimme zum Vergnügen seiner Zuhörer vorträgt. Sie sind Ausdruck seiner Wissbegier, seines Witzes und seiner Sammelleidenschaft.

Entdeckte Manfred Krug auf dem Flohmarkt Dinge, an denen ein anderer achtlos vorbeiging, wollte er es genauer wissen. Zu Hause schraubte er historische Maschinen und Apparate auseinander, feilte, ölte, hämmerte, polierte, verschaffte dem erworbenen Schatz neuen Glanz, spürte den Geschichten hinter Kunstgegenständen nach, um dann staunend davorzusitzen und zu wissen, dass er der Einzige sein würde, der sich darüber freute.

Stundenlang konnte er über Galaxien oder Fährleute im Mittelalter, über seltene Tiere wie die Dickschwanzschmalfußbeutelmaus oder die einzelnen Knochen in unserem Körper, über Vergangenes, Gegenwärtiges und Zukünftiges, über Hoffnungsvolles oder Abgründiges sprechen. Oft erhob er sich vom Tisch in seiner Wohnung, der manchmal einer Werkbank glich, holte Lexika herbei, zeigte Bilder wie zum Beweis. Nicht jeder selbstbewusst vorgetragene Fakt entspricht dem heutigen Wissensstand – sei's drum. Was fasziniert, sind seine Begeisterung, die mitreißt, und sein staunender Blick auf Weltall, Erde, Mensch. »Nun halte ich mich schon an Sachen fest, die jeder gebildete Mensch weiß«, notierte er einmal.

Und wir? Wir sind hingerissen von dem selbstgerechten, leisen und lauten, sensiblen und unverschämten Blick, von dem man nicht genug bekommen kann. »Mal ist man schockiert, mal entzückt.« Und das gerne.

Krista Maria Schädlich, November 2023

Wir Schauspieler haben's leicht. Wenn man uns einmal kennt, müssen wir den Leuten unsere Vorzüge nicht weiter erklären.

***

Wie rasant die Stummfilme der späten zwanziger Jahre waren. Wie erotisch die Frauen, mit verschleierten Augen, mit nach innen gekehrten Blicken spielten sie ihre Leiden, ihre Liebesleiden, ihre Verzweiflung. Wie schön die Kleider geschneidert waren, aus Seide. Die Frisuren waren noch nicht von Haarspray verklebt, die Körper noch fraulich, breite Ärsche gab es noch, richtige Beine, seidene Schlafanzüge bei den Herren, wunderbare Negligés bei den Damen. Die schönen knappen Dekorationen, schöne Türen, wenige Möbel, kleine Bilder an den Wänden. Disziplin. Nicht diese heutigen vollgestopften rumpligen Zimmer.

Eigentlich interessant, daß der Körper bis ins hohe Alter hinein in der Lage ist, alle möglichen Schmerzen an das Gehirn zu übertragen, ja, er scheint mit zunehmendem Alter sogar eine besondere Fertigkeit der Schmerzübertragung zu entwickeln, während umgekehrt die Übertragung der Wonnegefühle erheblich nachläßt, nicht zuletzt deshalb, weil die Körperteile, die bei der Entstehung von Wonnegefühlen benötigt werden, in ebendieser Funktion nachlassen.

***

Auf der Suche nach der Puttkamerstraße fragte ich viele Menschen nach dem Weg, aber niemand kannte sie. Aus dem Fenster heraus fragte ich auch den Schauspieler Dieter Knaup, den ich gegenüber dem Friedrichstadt-Palast zufällig traf. Ich rief: »Sie! Herr Schauspieler! Ja, Sie meine ich, den Herrn Schauspieler!« Knaup drehte sich um und sagte, als hätten wir uns gestern gesehen: »Du Arsch.«

Kleine Fahrt durch den Schnee zum Flohmarkt Ostbahnhof. Ich kaufte ein kleines Konvolut Lebensmittelkarten aus dem Krieg »Nährmittelkarte für Kinder und Jugendliche von 3 bis 18 Jahren, gültig vom 6.3. bis 2.4.1944«, 15 zusammengeheftete gleiche Karten, auf der Rückseite später von einem Schüler als Schreibpapier für den Unterricht genutzt. Weiter einen Bezugschein für ein Paar Handschuhe vom 30.8.43; einen »Brennholzbezugsausweis« für Berlin aus der Serie 1948/49; eine »Reisekarte für Fleisch« mit 10 Abschnitten à 50 g; eine Reisebrotkarte; eine »Reichskleiderkarte für Knaben vom vollendeten 3. bis zum vollendeten 15. Lebensjahr«, letzte Eintragung 21.3.1945; eine »Textil- und Schuhkarte« für die drei Berliner Westsektoren; einen »Schuhbedarfsschein« vom 14.3.1919; ein Merkblatt »Was gibt es Neues an den jetzt verteilten Reichsbezugskarten?« vom 19.11.39; einen »Einkaufsausweis für See- bzw. Flußfische« von 1940 mit dem Aufdruck »Dieser Ausweis dient lediglich dem Zweck, eine gerechte Verteilung zu sichern. Der Ausweis ist beim Einkauf vorzulegen.«

Kann das sein, daß wir hunderttausend Milliarden Bakterien in unserem Körper haben?

***

Dem Bomben-Kontrolleur am Flughafen Tegel habe ich gesagt, daß ich den Pieper nicht möchte. Er kuckte sich seinen Pieper an und sagte: »Den möchten Sie nicht? Dann nehmen wir den anderen.« »Den anderen möchte ich auch nicht«, sagte ich. »Den möchten Sie auch nicht? Warum denn nicht?« Halblaut sagte ich: »Weil ich einen Herzschrittmacher trage.« Der Beamte sagte: »Wie bitte?« Ich rief laut, so laut, daß es im Umkreis von 100 Metern zu hören war: »Weil ich einen Herzschrittmacher trage!!« Die Damen und Herren an den Abfertigungsschaltern blickten sich erschrocken um. Ich aber ging meiner Wege.

Otti hat eine viel zu gare Gemüsesuppe gekocht. Seit sie sich nicht mehr geliebt fühlt, kocht sie nicht mehr so gut wie früher. Sie läßt die Suppe allein kochen. Nichts kocht allein.

***

Eine Ärztegruppe hat einem 48-jährigen Patienten im französischen Lyon innerhalb von 14 Stunden die Hand eines soeben verstorbenen fremden Menschen angenäht. Der Australier hatte die eigene durch versehentliches Absägen verloren, und es ist nicht gelungen, sie ihm wieder anzufügen. Die Hand blieb gefühllos und mußte wieder amputiert werden. Nach der gestrigen Operation wird man in etwa zwei Jahren wissen, ob die Hand funktionstüchtig sein wird. Die Gefahr der Abstoßung, gegen die fortdauernd Medikamente genommen werden müssen, bleibt bestehen.

Die Amerikaner, ich meine die besseren Regisseure unter ihnen, können wirklich aus jedem Scheiß einen amüsanten Film machen. Ich habe nachts »Alice«, eine Komödie über die Selbstfindungsversuche einer New Yorker Luxusdame, mit Mia Farrow von 1990 gesehen und anschließend noch »Flirting with Disaster« von 1996, eine Familienklamotte mit Patricia Arquette und Ben Stiller. Man kann Stunden damit vertrödeln. Es ist unglaublich, daß aus einem so infantilen Volk derart komische und unterhaltsame Filme kommen können. Wahrscheinlich ist es so, daß sie nur aus einem infantilen Volk kommen können.

***

Einen Krug nebst 7 Gläsern von Luigi Forna in feinster Millefiori-Manier, am Ofen geblasen, gekauft. Aber eben nicht mille, sondern nur ganz wenige einzelne fiori, und das hat Charme. Sie sehen aus wie ins Glas eingeschmolzene saure Bonbons.

Rhesus-Äffinnen gehören zu den Makaken. Sie haben gern untereinander Streit, ein Klan gegen den anderen. Männer beteiligen sich nicht. Die Damen prügeln sich inmitten von handlichen Kieselsteinen. Aber obwohl sie so schöne Greifhände und starke Arme haben – sie schmeißen niemals Steine gegeneinander. Sind sie zu dumm dazu? Ich glaube, es ist ihnen unangenehm, mit Steinen zu werfen. Sie würden einander töten. Hat jemand einen plausibleren Grund?

***

Einladung zum Essen, es gab »Saure Zipfel«, das sind gebrühte Würstchen in einem sauren gezwiebelten Sud. Unglaublich gut. Dazu ein spezielles Helles von Steinbach Bräu, hefetrüb und mit einem wunderbaren altmodischen Geschmack.

In Ansbach flog ein ganzes Haus in die Luft. Unter den fein gebröselten Trümmern fand man die Leiche einer 86-jährigen Frau. Die Kriminalisten waren irritiert darüber, daß eine Gasexplosion in der Lage gewesen sein soll, der alten Dame die Kehle durchzuschneiden. Nachdem man den 54-jährigen Sohn lange genug gefragt hatte, gab dieser zu, die Gasleitung manipuliert und so die Sprengung des Hauses ausgelöst zu haben.

***

Ungefähr um 1450 hat ein flämischer Maler namens Petrus Christus das Bildnis einer jungen Frau mit leicht rasiertem Haaransatz, rasierten Brauen und gezupften Wimpern gemalt. Es ist eine wunderbar dekadente, zarte Person mit einem schwarzen Topfhut auf dem Kopf. Ein Weibchen der besonderen Art. Noch heute kann man nervös werden, wenn man sie betrachtet. Man achte darauf, daß sie raffinierterweise am Saum ihres Busentuches eine Stecknadel trägt, als wollte sie die eifersüchtigen alten Weiber besänftigen.

Ohne ständige Zettel würde ich nicht einen einzigen Tag überstehen. Wie furchtbar muß das für Kollegen sein, deren Gedächtnis ebenfalls schlechter geworden ist und die bis zur Rente trotzdem noch ein paar Mark verdienen müssen. Welche Ängste! Nicht auszudenken. Ich habe keine Angst. Wenn meine Zettel nicht gut hängen, rücke ich so lange daran herum, wie es nötig ist. Noch nie hat ein Regisseur gewagt, auch nur den Hauch von einem Anstoß daran zu nehmen. Ich würde sofort nach Hause gehen oder ihn umbesetzen.

***

Von allen Tieren hat der Seeotter das dichteste Fell. Es schützt ihn vor der Kälte des Atlantiks. Er ist dasjenige Tier, welches sich als letztes entschlossen hat, vom Land ins Meer zurückzukehren. Auf einem Quadratzentimeter Haut wachsen ihm 100.000 Haare.

Könnte man die Energie eines einzigen Hurricanes der Kategorie 5 in Strom umwandeln, so wäre ganz Amerika ein halbes Jahr lang versorgt.

***

Das Hubble-Teleskop, das nach einer Reparatur im All Gott sei Dank seine Kurzsichtigkeit verloren hat, brachte in den letzten Jahren Fotos von brodelnden Sternen und Gaswolken. Unglaublich schön. Ich habe sie im Fernsehen gesehen. 90 % aller Materie im Universum sieht man nicht. Man nennt sie dunkle oder kalte Materie. Man kennt ihre Natur nicht, es gibt noch kein Modell. Ihr Aufenthalt und ihre Form sind unbekannt. Sie sind »nur« errechnet. Ich habe keine Ahnung, deshalb erlaube ich mir zu glauben, daß das Universum schon immer da war.

Mit Otti auf dem Flohmarkt Fehrbelliner Platz gewesen. Ein paar Kleinigkeiten gekauft, zum Beispiel eine entzückende kleine Villeroy-Vase.

***

Ich habe 6 weitere Bilderrahmen gekauft: Was soll ich damit bloß machen, bei den Kindern, die ich habe? Grabbeigaben.

Habe alle Rahmen gewaschen, weil sie voller Vogelscheiße waren und ich dieselbe als Patina nicht recht gebrauchen kann, sodann mit Antiholzwurmmittel behandelt.

***

In strömendem Regen mit Otti auf dem Flohmarkt 17. Juni, wo kaum Menschen. Otti hat einige mit Jahreskalendern bedruckte Schweizer Batisttüchlein aus den Sechzigern gefunden und ich eine alte Glühbirne mit heilem Kohlefaden und eine elektrische Klingel vor 1900 mit schöner Bronzeglocke.

Warum heißt es »Damenfußball« und »Damenboxen« usw., warum nicht »Frauenfußball« usw.?

***

Die Asche von Greta Garbo ist heute, 9 Jahre nach ihrem Tod, so lange dauerte der Streit um den Beerdigungsort, in Stockholm beigesetzt worden. Sie hatte es geschafft, mit nur 28 Filmen reich und »göttlich« zu werden.

***

Eine Aufzeichnung vom Münchner Klaviersommer 1990, Stan Getz. Und bald darauf war er tot, schrecklich. Schrecklich. Alex Blake am Kontrabaß, ein Genie. Frau Terri Lyne Carrington am Schlagzeug – wunderbar. Kenny Barron am Klavier. Ein herrliches stilles Stündchen. Ich glaube, von allen Künstlern in allen Sparten sind mir Jazzmusiker mit Abstand die liebsten. Sie sind musikalisch, witzig, echt und meistens arm.

Von Paul Valéry stammt das Wort, jeder Roman sei das Fragment einer Biografie. Sehr einleuchtend. Je mehr Romane ein Mensch zu schreiben in der Lage ist, desto mehr Teile seiner eigenen Biografie nudelt er herunter, breitet sie aus wie Teig unter der Rolle. Mein Roman wird deshalb gleich Biografie heißen. Und je mehr Erfindungen eine Biografie enthält, desto ähnlicher ist sie einem »Roman«. Ein Roman ist nicht unwahrer als eine Biografie, höchstens aufregender.

***

Meinen kleinen Freund Leonard, den vierjährigen Sohn des Regisseurs, wiedergetroffen. Wir waren ein Herz und eine Seele, ich habe ihm ein paar Kinderlieder beigebracht. Er hat inzwischen einen Bruder bekommen, 6 Monate alt, einen wunderbaren kleinen Buddha namens Linus, mit Glatze und großen Ohren und mit einem göttlichen Gemüt. Je älter ich werde, desto mehr entzücken mich Kinder.

Ein dreijähriger britischer Junge kann sich nur noch schreiend unterhalten. Seine ganze Familie und die Menschen aus der Nachbarschaft sind darüber unglücklich, mit Ausnahme der schwerhörigen Großmutter, die den Jungen abgöttisch liebt.

***

Zwei Drittel der heutigen Autogrammsammler wollen nämlich nicht einfach ein Autogramm, sondern mindestens zwei, noch lieber ein Dutzend, zum Tauschen. Und sie wollen zusätzlich ältere Fotos, und manche wollen komplizierte Aufschriften für die Eltern oder Großeltern zu allerlei Festen. »Schreiben Sie bitte: Für den Ingenieur Ferdinand Pichler zur Diamantenen Hochzeit, die er gehabt hätte, wenn seine Frau nicht vor zwei Jahren gestorben wäre. Auch sie hat ›Auf Achse‹ schon so gern gesehen.« Besonders fordernd können in der Hinsicht Österreicher sein.

In der FAZ steht, daß nach dem Willen eines Rabbinergerichts in Haifa verheiratete Frauen um 12 Uhr nachts zu Hause zu sein haben. Aber was geht mich das an. Das gehört zum gewöhnlichen religiösen Wahnsinn.

***

In der Kammer Nr. 3 liegt ein Schuhkarton voll mit Briefen, die ich größtenteils nicht gelesen habe. Dicke Briefe und auch Postkarten. Ich bekomme sie seit 1968 von der Verrückten in meinem Leben, die am längsten durchgehalten hat. Sie lebt seit der Zeit quasi mit mir zusammen, denkt an mich, schreibt mir, »kümmert« sich um mich, schickt an meinen Geburtstagen Blumensträuße, saß während der Tournee mit dem »Zerbrochnen Krug« wochenlang in der ersten Reihe so vieler Theater, nahm Anteil an meinem Prozeß gegen einen Geohrfeigten, brachte Blumen in die Rehaklinik und Vieles mehr. Ich wage es nicht, ihr auch nur ein einziges Mal auf die vielen Briefe zu antworten. Ich fürchte, dann hätte ich sie am Hals.

Den 2. Teil von Fechners »Comedian Harmonists« gesehen. Erschütternd. Fernsehen, das war mal was.

***

Fährleute galten im Mittelalter als gierig und heimtückisch. Vor Fährleuten wurde man gewarnt. Wie man heute vor Spediteuren und Möbelpackern gewarnt wird.

***

Neulich sah ich auf dem Flohmarkt das Titelbild der »Illustrierten Berliner Zeitung« vom 6. Mai 1961: Gary Cooper. Bildunterschrift: »Gary Cooper – ein echter Star, der in seinem ganzen Leben bewies, daß man auch mit Bescheidenheit und ohne Skandale ein weltberühmter Schauspieler werden kann.«

***

Die Hitzewelle in Texas hat bisher bei bis zu 45 Grad 50 Tote gefordert. Ich sage keinen Mucks mehr über den verregneten Sommer. Noch ist die Heizung an.

Ein Interview mit Corinna Harfouch. Viele Ausschnitte von ihren Rollen. Ich kenne fast nichts davon. Wahrscheinlich, weil ich Schiß hatte, sie mir anzusehen. So was gibt's.

Sie sagt: »Ich habe keine Lust, ›Freude ins Heim‹ zu bringen«. Jaja, Theaterspielen ist schwer. Und Freude ins Heim bringen ist schwer.

***

Die Sowjetunion ist niemals von den Räten (Sowjets) regiert worden. Immer nur von der Partei, vom Politbüro, vom KGB und die meiste Zeit allein von dem gütig dreinblickenden Mörder Stalin.

***

Eine sehr gut erhaltene Kamera der Firma MENTOR – Dresden gekauft. Mit Tasche, Kassetten und Stativ. Des weiteren 3 Talbotypien in beschädigten gepolsterten Etuis: Portrait eines bärtigen Mannes bis zu den Knien; Portrait einer Dame; Portrait einer Mutter mit Baby. Alle etwa 1850.

Der Glattwal hat einen Penis von ca. 3 m Länge und produziert viel Sperma in Hoden, die zusammen etwa eine Tonne wiegen.

***

Ich habe Schwierigkeiten mit dem präzisen Autofahren, das beim Filmen gebraucht wird. Bitter für einen Schauspieler, der fast 100 Folgen »Auf Achse« hinter sich hat.

***

Ach, bei Hans Moser ist keine Szene zu lang ...

***

Ein Arbeitsloser (31), der Steven Spielberg aufgelauert hat und ihn vergewaltigen wollte, muß wahrscheinlich lebenslang ins Gefängnis. Eine Geschworenen-Jury in Santa Monica (Kalifornien) sprach den Angeklagten schuldig. Am 22. April folgt das Strafmaß. Die Menschen unternehmen Dinge, die mir niemals einfallen würden.

Es könnte auch sein, daß ich an Narkolepsie leide, die nach Hirnschädigungen auftreten kann. Man könnte die Krankheit mit »Schlummersucht« übersetzen oder mit »Anfallartiges Stürzen in Schlaf«.

***

Die Amerikaner haben 10 Millionen wilde Büffel abgeknallt und dann von 100 Millionen zahmen Rindern das Land zur Wüste machen lassen.

***

Ich sah gestern in einem Film eine Ratte, die ohne Mühen mehrere Stockwerke eines Hauses überwand. Und zwar nutzte sie zum Klettern ein Fallrohr der Dachrinne, das in einem für sie günstigen Abstand zur Hauswand angebracht war, so daß sich die Ratte, ähnlich wie es Bergsteiger in engen Kaminen tun, mit dem Rücken gegen das Rohr abstützen und zügig aufwärtssteigen konnte.

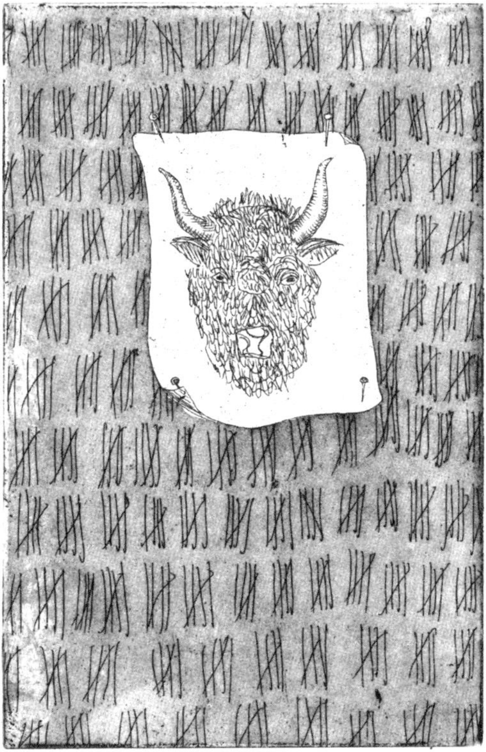

Klar war Jesus nicht Gottes Sohn und Maria nach seiner Geburt nicht Jungfrau und das Grab nach seiner Auferstehung nicht leer. Wenn ich glaube, macht mir doch das alles nichts aus. Auferstehung, Jungfrau – ein Klacks. Theologie ist ein Schmarren an sich.

***

Am Flugplatz Tegel gibt es keine Brötchen mehr, kein Obst, und heute ist auch der Zeitungsständer leer. Nur der Kaffeeautomat steht noch da.

***

Die Breitfußbeutelmausmännchen in Australien sterben allesamt vor Jahresfrist an Erschöpfung, weil sie alle Weibchen begatten müssen, die sie finden können. Nur diese überleben, kein einziges Männchen. Es sind tollkühne Tiere, die für die Erhaltung ihrer dünn gesäten Art alles auf eine Karte setzen.

Der australische Wanderringelschwanzbeutler folgt dem Menschen selbst in die traurigsten Betonwüsten. Er versteht was von Anpassung.

Es wachsen immer neue Redakteurinnen nach, die nicht wissen, daß ich per Fingerschnipp kaum in irgendwelche blöden TV-Veranstaltungen zu kriegen bin.

***

Zum ersten Mal ist (von Hubble) außerhalb unseres Sonnensystems ein Planet entdeckt worden. Er hat den treffenden Namen »TMR-1-C«. Er könnte etwa die 4-fache Jupitergröße haben. Es sieht aus, als entfernte er sich mit großer Geschwindigkeit von einem Doppelstern. Angst? Seine Entfernung von der Erde beträgt etwa 450 Lichtjahre. Die Zeit, die er zu uns unterwegs wäre, würde also erheblich länger dauern. Ein Aufprall ist wahrscheinlich nicht gefährlich, Nasa-Experten glauben, daß der Planet ganz aus Gas bestehen könnte.

***

Mit Otti Bratkartoffeln mit Sülze gegessen, dazu einen Aldi-Champagner getrunken und einen Film über Erich Mielke gesehen, der eine arme Sau ist. Und eine dumme Sau ist er auch.

Heute gab es 5 Atomtests in Pakistan. Amerikaner wollen Sanktionen verhängen. Sie müssen es von Gesetz wegen sogar, sagen sie. Wer Atombomben baut und testet, müsse bestraft werden. Da werden Pakistan und Indien, die nichts weiter zu verkaufen haben, sich vielleicht nach Käufern für ihre Bomben umsehen?

***

Der Kurzkopfgleitbeutler, dessen Name fast alles über ihn sagt, lebt in australischen Fluß-Eukalyptusbäumen und nascht bei Nacht Insekten. Weiß ich alles aus dem Fernsehen.

***

Die Post wollte 2,10 DM Nachporto von mir haben. Irgendein Wichtigtuer wollte den Stempel »Büchersendung« nicht anerkennen, der immer auf dem Umschlag steht, wenn ich »Die Rote Fahne« beziehe.

Auf dem Flohmarkt am Hauptbahnhof den Bräter mit Deckel abgeholt, der uns versprochen worden war, ein wunderbarer ovaler Gußeisentopf mit guter Innenglasur und exakt schließendem Deckel.

***

Eine neue Teflon-Bratpfanne und zwei weitere Rasierapparate mit Ersatzscherköpfen gekauft. Die werden bis ans Ende und darüber hinaus reichen.

***

Die einzigen Knochen in unserem Körper, die nach der Geburt nicht mehr wachsen, sind die Gehörknöchelchen, die gleichzeitig die kleinsten aller unserer Knochen sind und die sich aus einem Teil des Kiemenapparats entwickelt haben, also aus einer Zeit stammen, da wir noch Fische waren.

Es gibt zum Beispiel einen besonderen Frosch, den Runzelfrosch. Er ist deswegen nicht auffällig runzlig. In seinen auffällig größeren Eiern entstehen keine Kaulquappen, sondern fertige kleine Fröschlein. Dieser Frosch ist vom asiatischen Festland bis auf die Fidschiinseln vorgedrungen. Wahrscheinlich deshalb, weil er zu seiner Froschwerdung des Süßwassers nicht bedarf, jedenfalls so lange nicht, wie das Gelege einer Fröschin vor ewigen Zeiten im sturmgepeitschten Meer bis zur nächsten und dann wieder nächsten Insel unterwegs war.

***

Im Dresdener Zoo gibt es eine Riesenschildkröte »Arnoldi«, die eines der 18 letzten Exemplare ist. Das Tier, ein Männchen, stammt von den Galapagos-Inseln und ist 140 Jahre alt. Es hat damit die Hälfte seiner Lebenserwartung hinter sich und soll jetzt auf die Inseln zurückkehren, die Art retten zu helfen.

Ich habe ein neues Getränk kennengelernt, nämlich »Crabbie's«. Eine schottische Erfindung aus dem Jahre 1801 mit einem Alkoholgehalt von 13,5 %. Ingwer ist das Hauptgewürz, aber neben vielen anderen Ingredienzen sind auch die Extrakte von Zitronen und Orangen enthalten. Man hat es mit Whisky versetzt getrunken, dann wird es »Whisky Mac« genannt, weil ein berühmter Schotte, der Colonel MacDonald, diese Mischung einst erfunden hat. Ich trank es pur in kleinsten Likörgläschen, und es hat mir vorzüglich geschmeckt. Es erinnert an süßen Portwein, ist aber interessanter.

***

Mir fällt gerade ein, je beschissener ein amerikanischer Film ist, desto öfter muß jemand sagen: »Einspruch, Euer Ehren!«

In der Zeitung steht, daß die Masse des Neutrinos, eines recht kleinen Teilchens, nicht gleich null sei. Sie sei größer als null. Das ist mir auch lieber, sonst müßte man nachdenken, ob man dem kleinen Ding den Ehrennamen »Teilchen« nicht wieder wegnimmt. Wenn man aber liest, daß es fast mit Lichtgeschwindigkeit nicht nur durch das All, sondern auch mitten durch unseren Erdball fliegt, also auf der einen Seite in die Erde eindringt, um sie auf der anderen wieder zu verlassen, dann fragt man sich wiederum, ob es für das Teilchen nicht doch bequemer wäre, keine Masse zu haben.

***

Periphylla Periphylla ist eine leuchtende Tiefseequalle, die in norwegischen Fjorden wohnt. Man weiß nicht, was sie frißt, was sie fürchtet und wo sie ihre Partner finden muß. Ich glaube, daß ich es nicht mehr erfahren werde. Das ist das Schrecklichste am Tod, daß man so vieles nicht mehr erfahren wird.

Die seefahrenden Männer, die vor einigen tausend Jahren in Asien aufgebrochen und später unter dem Namen Polynesier bekannt geworden sind, haben von Insel zu Insel Frauen, Pflanzensamen, Knollen, Hühner, Hunde und Schweine mitgenommen. Diese Menschen sind hinausgefahren und wußten, daß sie nicht wiederkehren würden. Wie sollten sie auch wiederkehren, zum Beispiel von der Osterinsel? Sie waren oft Wochen und Monate unterwegs, so daß die mitgeführten Tiere längst vertilgt waren, die Seefahrer also mit dem vorliebnehmen mußten, was sie auf den entdeckten Inseln vorfanden. Als sie auf Neuseeland strandeten, hatten sie keinen Hund, kein Huhn und kein Schwein mehr.

***

Aus Amerika kommen sehr unterschiedliche Dinge. Mal wird man schockiert, mal entzückt.

Schwerer Raub wurde im Mittelalter, als jeder Reisende und Wandersmann damit rechnen mußte, hart bestraft, das heißt Rübe runter. Aber Rübe runter war ein Privileg für den Adel. Der einfache Mann wurde aufgeknüpft. Das war alles nicht so schlimm wie heute, denn mit 30 Jahren war man alt und hatte nicht mehr lange zu leben. Wanderer wurden nackend ausgezogen, das Geld zu ihrer Reise geraubt, sie mußten froh sein, wenn sie lebend davonkamen. Im Mittelalter waren viele Studenten unterwegs; sie hießen fahrende Scholaren, mußten von Stadt zu Stadt ziehen, um sich zu bilden. Ähnlich wie später die Handwerksburschen.

***

Ich habe ein schwedisches Koffer-Radio von der Firma Elektriska Aktiebolaget Skandia, Stockholm gekauft. Es ist der »Standard Resesuper 438«, der laut Garantieurkunde am 28.12.1938 von Hugo Johansson in der Stadt Hook gekauft wurde. Er hat 4 Röhren, man kann Lang- und Mittelwellen empfangen. Er sieht aus wie neu.

In den Amazonas-Städten Belém und Santarém in Brasilien habe ich Dutzende von Männern beobachtet, die den Straßenmüll und die Papierkörbe nach Coladosen absuchten, aus denen sie den letzten Schluck herauszuzelten. Sie haben sich von der Süßbrause tatsächlich ernährt. In ganz Brasilien konnte man damals keine Dose Coca-Cola finden, nur Pepsi, die war nahrhafter. In jener Zeit stellten die Leute von Coca-Cola den Extrakt auf noch süßer um, weil sie bei den armen Menschen Marktanteile eingebüßt hatten. Wie komme ich auf das alles? Ach so, wegen der Spinne in der Yuccapalme.

***

Alle römischen Karren und sonstigen Fuhrwerke hatten einen einheitlichen Radstand von knapp 1,10 m. Reiche Römer ließen sich auf solchen Karren, wenn nötig über Hunderte von Kilometern, lebende Austern bringen, die in Wasserfässern transportiert wurden.

Als die Ehefrau Mileva mit zweien seiner Kinder 1914 zu Einstein nach Berlin kam, sagte der: »Du hast weder Zärtlichkeiten von mir zu erwarten, noch mir irgendwelche Vorwürfe zu machen.« Und: »Du hast eine an mich gerichtete Rede sofort zu sistieren, wenn ich darum ersuche.« 1919 wurde die Ehe geschieden, wenige Wochen später heiratete er seine Cousine.

***

In der Schweiz gibt es ein altes Dorf mit Namen »Champagne«. Dort wird traditionell ein Weißwein gekeltert, der natürlich »Champagner« heißt. Aber da solltet ihr mal die Franzosen sehen.

***

Heute vor 30 Jahren sagte Neil Armstrong auf dem Mond den berühmten und fetten Satz. Er sagt, den habe er nicht auswendig gelernt. Plötzlich habe er empfunden, jetzt müsse etwas gesagt werden, und da habe er es halt gesagt.

8–10 Millionen Menschen in Deutschland haben mit ihrer Hausstaubmilbenallergie zu kämpfen. 70 % der Milben wohnen in den Betten, 20 % in den Polstermöbeln und nur 10 % in den Teppichen. Sie leben von Hautschuppen und lieben feuchtwarmes Klima. Man sollte »milbendichte Schutzbezüge aus Kunststofffasern für die Matratze verwenden«. Man kann die Matratze für einige Stunden in eine trockene Sauna (80 Grad) stellen; das tötet die Milben, beseitigt aber nicht ihren Kot. Deshalb Matratze gründlich absaugen, dann Schutzbezug überziehen. Eventuell alte Matratzen austauschen. Bettwäsche wöchentlich wechseln. Mindestens 1 Stunde über 60 Grad waschen. Günstig auch 48-stündige Tiefkühlbehandlung. Man kann Milben in Textilien und Kuscheltieren auch 2 Stunden lang bei über 60 Grad im Trockner behandeln. Danach Kot absaugen. Einmal im Jahr Milbentest; dieser in der Apotheke erhältlich. Milben brauchen mindestens 60 % relative Luftfeuchtigkeit. Unter 50 % sterben sie ab. Keine Luftbefeuchter aufstellen, Wäsche nicht in der Wohnung trocknen.

Die verdammten Biester.

Auf dem Flohmarkt 17. Juni fand ich eine wunderbare Bratpfanne, handgeschmiedet, Mitte 19. Jhdt., mit Schmiedepunze. Man kann sie jedoch nur gebrauchen, wenn man auf Gas kocht. Ich bin glücklich, damals in schwerem Kampf mit der GASAG und den übrigen Parteien des Hauses darauf bestanden zu haben, daß in unsere Dachwohnungen je eine Gasleitung gelegt wurde.

***

Von einer Frau, die nebenan ihren Laden aufgeben will, 2 schöne alte Bilderrahmen gekauft, darunter einen mit Foto von drei schottischen Knaben drin, Aufschrift: »David McNeill; Alan McNeill, killed in France; Tennent McNeill, killed in the Sudan«, alle drei mit gleich gestreiften Kilts und Kniestrümpfen. Im Ersten Weltkrieg wird es gewesen sein, daß zwei von ihnen gefallen sind.

Man nimmt schwarze Johannisbeerkonfitüre, erhitzt sie, reibt sie durch ein enges Sieb, tut viel Curry, weniger Salz und Pfeffer dran und läßt das Ganze erkalten. Ist eine feine Soße für gegrillte Hühnerflügel.

***

Eine irische Hausfrau gesehen, die »Irish Stew« kochte. Gepfefferte und gesalzene Scheiben von zartem Lamm in der Pfanne beidseitig anbraten. Dann in einen großen Topf. Die Zwiebelstückchen dazu geben. Dann die Karotten, reichlich in dicken Stücken. Dann die ganzen Kartoffeln. Pfeffern, salzen. Obendrauf reichlich Petersilie und andere frische Kräuter. Dreiviertel Liter Wasser zugeben. Deckel drauf. 3/4 Stunde köcheln lassen.

Ich ging mit Otti ins Kaufhaus und kaufte den ganzen Tisch Japankekse, etwa 15 Kilo. Mal sehen, wann sie mir zum Hals raushängen. Es wird dieses Knabberzeug nie wieder geben, weil es offenbar in Deutschland ein Flop war.

***

Die Rundschwanzmanatis, die zur Winterzeit aus dem Meer in die Flüsse Floridas kommen, wo es warm ist und sie genügend Futter finden, haben die Marotte, stundenlang an den Ankertauen der Flußboote herumzukauen. Niemand weiß, wieso.

***

Ab heute sind beim Heiraten keine Trauzeugen mehr nötig.

Es gibt einen Vogel, der heißt bezeichnenderweise Hüttengärtner. Er baut große Hütten, die aussehen wie das Münchener Olympia-Zeltdach. In den aufgeräumten schattigen Gärtchen unter diesem Dach häuft er verschiedene Dinge an und stellt sie aus. Ein Häufchen bläuliche Käferflügel, ein Häufchen gelbe Früchte und ein Häufchen rote Früchte. Alles, um dem Weibchen zu imponieren, das er in die Hütte locken möchte. Wenn etwas durcheinandergebracht wird, räumt er es nach quasi künstlerischen Gesichtspunkten wieder auf, weil er weiß, daß das Weibchen ebenfalls einen strengen Blick hat.

Heute nacht soll es Sternschnuppen regnen. Es sind die alle 33 Jahre wiederkehrenden Reste des Kometen »Tempel-Tuttle«. Die linsengroßen Materiekörnchen gehören zu dem Schnellsten, was im All so herumfliegt. Die russischen Kosmonauten auf der Mir-Station müssen zwei, drei Tage in einer extra geschützten, engen Kabine verbringen. Die Teilchen fliegen mit einer Geschwindigkeit von 250.000 km/h, was etwa 70 km/sec. ausmacht. Ein Partikel mit einem Gewicht von einem hunderttausendstel Gramm hat die zehnfache Durchschlagskraft einer Gewehrkugel. Der Schwarm heißt »Die Leoniden«, weil es von der Erde aus so scheint, als würden die Schnuppen aus dem Sternbild des Löwen kommen.

***

Eichhörnchenmütter sind grundsätzlich alleinerziehend. Nicht mal der Vater hat Zutritt zur Wohnhöhle.

Die Ver-Ostung des Westens schreitet noch immer fort. Vor der Wende waren die alltägliche Freundlichkeit und Bereitwilligkeit der West-Dienstleistenden vom Verkäufer über den Kellner bis zum Taxifahrer ausgeprägter. Ein deutlicher Muff-Schwall ist aus der DDR herübergekommen. Aber an mehr und mehr Stellen in Sachsen und Thüringen sehe ich gerade bei jungen Leuten in dienstleistenden Berufen eine neue Arbeitseinstellung.

***

Habe nach 55 Jahren Viktor de Kowa und Ilse Werner in dem Film »Wir machen Musik« (1942) wiedergesehen und kann mich bis heute daran erinnern, wie der Film endete. De Kowa sagt: »Wir müssen verdunkeln. Wie kriegen sonst 'ne Anzeige.« Herzig.

Davon abgesehen ist die Leichtigkeit, mit der die beiden spielen, unglaublich. Es war Krieg. Es waren schreckliche Zeiten. Davon ist nichts zu spüren.

Jeder weiß es, aber man vergißt es leicht: Alaska ist erst am 30. März 1867, quasi bei Nacht und Nebel, für die Kleinigkeit von 7,2 Millionen Dollar an die Amerikaner verkauft worden. Verkäufer war der Zar von Rußland.

***

Auch bei der diesjährigen »Love Parade«, einer Musik- und Tanzveranstaltung für jugendliche Taube, ist wieder nicht endgültig geklärt, wer die Müllbeseitigung bezahlt. Es handelt sich um 200 Tonnen Müll. Immerhin 60 Tonnen weniger als voriges Jahr. Die städtische Müllabfuhr trat mit dem niedlichen Slogan auf: »We kehr for you!«

***

Die meisten Orden, nämlich 274 Stück, hatte Erich Mielke, und in der Wandlitz-Siedlung gab es 650 Bedienstete. Hochgestellte Persönlichkeiten besaßen einen »A-Schein«, der ihnen oder ihren Fahrern erlaubte, die Höchstgeschwindigkeit von 100 beliebig zu übertreten.

Die Knochen der vor 80 Jahren ermordeten Zarenfamilie und die des Arztes, der Zofe und des Kammerdieners sind heute nach Sankt Petersburg geflogen worden, wo sie nun doch im Beisein des Präsidenten Jelzin beigesetzt werden. Es sind 9 Särge. Die Gebeine von 2 Zarenkindern konnten nicht gefunden werden. Einige Russen im Publikum weinten.

***

Habe den Film »Das tapfere Schneiderlein« mit Hans Hessling in der Regie von Hubert Schonger gesehen und konnte mich an viele Einzelheiten vom letzten Mal erinnern, da ich den Film sah: 1944 in Hennigsdorf. Man merkt heute, daß es ein echter Nazifilm ist, und doch ist er um so viel kunstvoller als das »Dornröschen« von gestern. Der Film scheint zu sagen: Nicht zögern und zagen, lieber handeln und draufhauen! Die richtige Devise für 1942. Übrigens: Eddy Fischer (früher »Berliner Ensemble«) hätte seine Freude gehabt an dem Einhorn und dem Wildschwein, die noch nicht computeranimiert, sondern von Menschen getanzt wurden.

So schlau, wie man sagt, scheinen Delfine auch wieder nicht zu sein. Delfine werden oft von Thunfischen begleitet. Wenn die Fischer ihre großen Ringnetze schließen, um Thunfische zu fangen, geraten auch Delfine in den Kreis. Mühelos könnten sie die durch kleine Schwimmkörper an der Wasseroberfläche kenntlichen Netze überspringen und sich retten. Das tun sie nicht. Die Fischer müssen ins Wasser, um die Netze unter den Wasserspiegel zu drücken. Erst dann schwimmen die Delfine befreit davon.

***

In einem Film gesehen, wie eine Hyäne das frisch erlegte Gazellenjunge dem Geparden, der es geschlagen und noch keinen Bissen bekommen hat, vor der Nase weggenommen hat und ruhig davongetrabt ist. Wie der Gepard empört hinter der Hyäne her glotzte! So was wird wohl der beobachtet haben, dem wir die Redewendung verdanken »das Nachsehen haben«.

Eine Stunde lang mit Peter und Gisela Herbolzheimer darüber telefoniert, um wie viel schlechter die Welt geworden ist und daß die Absagebriefe, die man anderen schreibt, die genußvollsten für einen selbst sind. Eine Stunde später schickte er mir zwei Briefe, einen an die Hamburger Justizsenatorin, der er vorwirft, daß ein Plagiatsprozeß schon 20 Jahre andauert, und kein Ende sei abzusehen. Der andere Brief ist an das ZDF gerichtet, das sich vorstellen kann, daß Herr Herbolzheimer hin und wieder mal Musik für den Sender schreiben dürfte, wenn er bereit wäre, daß diese Musik dann im sendereigenen Musikverlag »verlegt« und daß dafür auch kein Auftragshonorar gezahlt wird.

***

Heute kam die Nachricht von der Entdeckung eines kleinen Tiers, das eigentlich eine rötliche Milbe ist, aber »Steinlaus« genannt wird, wie das vor 25 Jahren von Loriot vorgestellte Cartoon-Insekt. Die Milbe grast Algen auf alten Gemäuern ab und zernagt wohl auch den Sandstein und den Putz.

Wie leicht schlachtet der Mensch aus dem nächsten besten religiösen Grund Frauen, Kinder und andere Gesunde, nur weil sie koptisch, katholisch oder schiitisch, also meistens selbst von religiösem Wahn sind.

***

In einem Beitrag sahen wir den alten Erwin Geschonneck, der in dramatischen Worten die Bombardierung der »Cap Arcona« durch englische Jagdbomber schildert. Er hat damals das Sinken des Schiffes als Gefangener aus dem KZ-Neuengamme mit knapper Not überlebt.

***

Einen schönen Boxkampf im Weltergewicht gesehen: Óscar de la Hoya gegen den ehemaligen französischen Europameister Charpentier, der in der dritten Runde k. o. ging. De la Hoya war eine Augenweide.

Habe mich wieder mal im tieferen Gestrüpp des Zuse verloren. Ich habe gelernt, wie man Schriftart für alle Dokumente installieren kann. Bei der Gelegenheit bin ich von »Helvetica 12« auf »Courier 14« umgestiegen. Wahrscheinlich für immer. Ich habe auch gelernt, wie man ein Dokument mit einem Codewort schützen und Unbefugte außen vor lassen kann. Und wie man dauerhaft den Blocksatz in einen linksbündigen Satz umwandeln kann. Und wie man eine durch Versehen verschwundene Menüleiste wiederherstellen kann.

***

Berliner Zeitung: »Beamte gebissen – Drei Polizisten sind am Freitagabend in der Friedrichstr. in Mitte von einem Mann, den sie festnehmen wollten, mehrfach in Arme und Beine gebissen worden. Nach Angaben der Polizei stand der Täter unter Alkohol- und Drogeneinfluß. Er kam in Polizeigewahrsam.«

Leute, von denen man nicht weiß, ob sie Trittbrettfahrer sind, haben sich per Telefon gemeldet, sie seien für den Massenmord in Afrika verantwortlich. Die »Armee zur Befreiung islamischer Heiligtümer«, eine Organisation, die »Kreuzfahrer«, Juden (»Kleiner Satan«) und Amerikaner (»Großer Satan«) bekämpft, soll dahinterstecken. Ohne Religionen gäbe es kaum Horrormeldungen im Fernsehen.

***

Nur im Norden Sumatras benutzen Orang-Utans Werkzeuge, die sie aus Ästen selbst herstellen. Sie brechen Stöckchen zurecht und benutzen sie als Honiglöffel und zum Ausgabeln sperriger Früchte. Die Eingeborenen glaubten, daß die roten »Waldmenschen« sprechen könnten, daß sie es aber verheimlichten, um von den Menschen nicht zur Arbeit herangezogen zu werden. Das habe ich schon viele Male mit Vergnügen gelesen und wieder vergessen. Nun halte ich für mich schon Sachen fest, die jeder gebildete Mensch weiß.

Heute habe ich erfahren, wie gesund Sauerkraut ist und daß der Weltumsegler James Cook durch das Verfüttern von Sauerkraut auf einer dreijährigen Reise erstmals das Ausbrechen von Skorbut bei seinen Matrosen verhindert hat. Daraufhin habe ich sofort frisches Sauerkraut gekauft und gegessen. Ergebnis: Durchfall.

Habe auf dem Flohmarkt einen Original Edison-Wachswalzenkoffer gekauft, der 24 Fächer für 2 Dutzend Walzen hat. Diese Fächer waren gefüllt mit ausnahmslos Blue-Amberol-Walzen, also Langspielwalzen à 4 Minuten aus blauem Zelluloid, das gegenüber Hartwachs den Vorteil hat, länger zu überdauern.

Zu Hause habe ich den Phonographen frisch durchgeölt und gefettet und alle 24 Walzen abgespielt, von denen einige sehr schön waren. Besonders gut hat mir das frische Blasmusikstück Nr. 1895 »Officer of the Day and the Hurricane Two-Step« von der National Promenade Band und die Nr. 23368 »Bravo territorials«, gesungen von Elizabeth Spencer mit Chor, gefallen. Schöne Aufnahmen. Nicht immer findet man die Namen der Orchester heraus, weil keine der 24 Walzen in der beschrifteten Original-Pappschachtel steckt, sondern eben im Koffer. Auf den Walzen ist nur wenig Platz für Gravuren, deshalb steht dort nur das Nötigste. Zwei der Walzen sind im Laufe der Jahre so weit geschrumpft, daß sie nicht mehr auf den Zylinder passen, fünf andere können nicht bis zum Ende abgespielt werden.

Hunde haben im Verhältnis weitaus weniger Schweißdrüsen als der Mensch. Überhitzung regulieren sie, indem sie hechelnd, über den Speichel auf ihrer Zunge, Verdunstungskühle erzeugen. Dennoch können Hunde auch schwitzen, und am meisten zwischen den Ballen unter ihren Pfoten. Ich nehme an, daß sie mit der dort entstehenden Schweißfeuchte für bessere Bodenhaftung sorgen.

***

Heute ist Gemüsekisten-Tag. Zum vierten Mal große Zucchini. Es gibt auch eine Rübenart, die ich nicht kenne. Sie ist kartoffelgroß, riecht etwas nach Radieschen, muß offenbar geschält und gekocht werden. Das habe ich gemacht, und jetzt weiß ich nicht weiter. Vielleicht sind es Teltower Rübchen? Ich streue etwas Zucker, Salz drüber, Essig und Öl, fertig. Sie schmecken bitter. Sind was für schlechte Zeiten.

In Berlin wie immer mit dem Taxifahrer gesprochen und ihn wie immer gefragt, was er denn während der vielen Wartezeiten mache. Nichts. Er habe nur einmal einen Kollegen bei sinnvoller Arbeit gesehen. Der habe für seine Verlobte in 14 Tagen ein ganzes Kleid gehäkelt. Aber wer kann schon häkeln?

***

Es wird demnächst eine neue Anti-Fett-Pille geben, die ein bestimmtes Enzym enthält. Dieses Enzym »markiert« sozusagen jedes dritte Fettkügelchen dergestalt, daß es die Darmwand nicht durchdringen kann und als quasi unverändertes Fett bis zum Ausgang gelangt. So erspart man dem Körper ein Drittel. Bisher bekannte Nebenwirkung: Fettstuhl kann Diarrhöen verursachen. Die Pille heißt »Xenical«. Aber auch dieses Medikament macht eine Umstellung der Eßgewohnheiten für den Patienten nötig. Es besteht die Gefahr, daß Vielfraße künftig ein Eisbein zusätzlich verschlingen.

Habe ein altes Foto von 1860 im Original Pappmaché-Rahmen gekauft und eine Miniatur-Rechenmaschine, in die Hand zu nehmen, fein vernickelt von »Hans Sabielny, Dresden A 9, Marke COMPTATOR, DRP und Auslandspatente, Fabrikat Schubert & Salzer, Maschinenfabrik A. G. Chemnitz« im Etui. Und etwas Außergewöhnliches: einen schicken kurzatmigen Blasebalg zum an die Wand Hängen, aus edlem Holz, Nickel, Leder. Unten ist eine Tülle, an die ein Schlauch angeschlossen wurde, dieser Schlauch mündete am Auslöser einer Portraitkamera. Der Fotograf konnte sich unauffällig dagegenlehnen, um die Kamera auszulösen. Sehr selten. Und für weitere 50 Mark Postkarten aus den Fünfzigern, 20 Pfennig das Stück.

***

Heute habe ich von Manufactum viele Biergläser und einen Ledergürtel bekommen, den ich offenbar falsch bestellt habe, denn er hat Größe 100, ich brauche aber Größe 105. Alzheimer. Es wird immer schlimmer.

Zum Bilderglaser, damit er in die schönen alten Rahmen, die ich ausgesucht habe, ebenso schöne alte Scheiben setzt. Die müssen nämlich wellig, spuckig und blasig sein, sonst leben sie nicht und können die alte Graphik nicht wiedergeben, sondern nur das meist blöde Portrait des Betrachters spiegeln.

***

Helmut Schmidt sagt: Die Japaner sind nicht in der Lage, sich zu entschuldigen. Nicht bei den Chinesen, noch bei den Koreanern, noch vor der ganzen Welt. Sie können es nicht. Die Chinesen sollten ihnen in einer generösen Geste und weil sie ihnen in vielerlei Hinsicht überlegen sind, die Hand reichen. Das wäre ein Weg. Aber ich glaube, daß die Japaner eine solche Geste nicht als Wohltat ansehen würden, sondern als Demütigung. Die Deutschen, sagt Schmidt, hatten in Frankreich einen Nachbarn, der ihnen die Hand gereicht hat. Was mich angeht, so kann ich Helmut Schmidt erheblich besser leiden als die Japaner.

Aischa, die dritte Frau des Propheten Mohammed, leitete eine berühmte Rechtsschule. Sie war weit davon entfernt, lebenslang ein Mündel des Mannes zu sein, wie das heute ist. Aischa sollte ein Vorbild für jede islamische Frau sein, wenigstens, solange es noch zum Tode führt, wenn man den Islam verläßt.

***

Gleich am Salzufer über den Flohmarkt gegangen und einen bleischweren Lederkoffer von der Leipziger Firma Moritz Mädler gekauft. Dazu ein Großfoto eines Offiziers aus dem 1. Weltkrieg, eine rote Leinentischdecke mit durchbrochenen Stickereien, ein Päckchen Griffel und ein Väschen für 5 Mark.

***

Tausendfüßler haben keinesfalls tausend Füße. Der beste von ihnen bringt es auf 680 Füße. Tolle kleine Gehirne müssen da drin sein, in den Viechern.

Die Amerikaner wollen den Hinterbliebenen der 20 Menschen, die in Cavalese in der Gondel saßen, als ihr Rambo mit seinem Flugzeug das Seil durchtrennte, nichts zahlen. Es wäre um 40 Millionen Dollar gegangen. Billig, 2 Millionen pro Person. Die sollen in Italien um ihre Entschädigung klagen, sagen die Amis. Sind das dieselben selbstlosen Amerikaner, denen die Westberliner gerade in diesen Tagen für »50 Jahre Rosinenbomber« danken?

***

Habe in der kleinen Wohnung den Beschir hingebreitet, den ich einst bei Nagel ersteigert habe, ohne ihn zu sehen. Jetzt liegt er endlich da. Fünf Jahre habe ich ihn geschont. Den Fernseher hab ich ausgemacht und glotze seit 2 Stunden auf den Teppich. Es wird Zeit, so sehr lange werde ich nicht mehr leben.

Die Handwerker sind überall dieselben Arschgeigen. Sie haben keinen Genuß an der Arbeit, wenn sie nicht mit den lautesten Sachen frühmorgens anfangen können. Nur wenn sie ihren Lärm durch die noch stillen Straßen hallen hören, haben sie das Gefühl, etwas zu schaffen. Und außerdem ist jeder Morgen ein Morgen der Rache gegen diejenigen, die ausschlafen können. Dem Arschgesicht am Preßlufthammer würde nicht einfallen, seinen Kompressor am Nachmittag einzuschalten, und auch der Handhammer im 3. Stock ist ab 10.00 Uhr nicht mehr zu hören.

***

Auf dem Heimweg habe ich in einem Gebraucht-Uhrenladen am Kudamm ein kleines schönes schlichtes Damenstück mit weißem Emaille-Zifferblatt und schwarzen römischen Ziffern gekauft. Ein paar bullige Typen der dritten Art kamen und gingen und standen herum, die sahen alle aus, als hätten sie die im Schaufenster ausgestellten Uhren frisch geklaut.

Fax von der Landesregierung Brandenburg: die wollen mich als »Botschafter« gegen Verkehrsraserei und Trunkenheit am Steuer in TV-Spots einsetzen. Dafür will ich erstens Geld haben, denn das ist mein Beruf, und zweitens jeglichen Einfluß, bis hin zu Bild und Text. Wenn man es macht, muß es schockierend und aufregend sein. Wenn es der Polizei an drastischen Maßnahmen gegen die Raser fehlt, muß die Werbung umso drastischer sein. An Benetton denken. Schocken.

***

Abends hielt der Kanzler Kohl, umbrandet von einem Dauer-Pfeifkonzert, eine Wahlrede auf dem Gänsemarkt, den wir weiträumig umrunden mußten. Dadurch entdeckten wir zufällig in den Kolonnaden eine neue Kneipe, in der es Elsässisches Sauerkraut und allerlei fettes Fleisch gibt. Dort mit schlechtem Gewissen gegessen. Als Nachtisch sogar eine französische Käseplatte.

Es war ein bayrischer Glasmacher, der schon um 1700 nach China gegangen ist, um den Chinesen das Schnupfen beizubringen, weil er seine Schnupftabakgläser (Bixel) loswerden wollte. Er eröffnete in Peking eine Glasbläserei. So gibt es eine Gemeinsamkeit zwischen den Bayern und den Chinesen: Beide wetteiferten lange Zeit, wer die schönsten Bixel blasen kann.

Übrigens: Die Glasmacher gehören sicher zu den fingerfertigsten Handwerkern, die es gibt. Sie wissen das Phänomen der Erdanziehung bei ihrer Arbeit sehr zu schätzen. Warum? Frag sie doch. Oder kuck einmal zu.

***

Im Fernsehen die erste und vierte Folge des alten DDR-TV-Films »Ohne Kampf kein Sieg« von Rudi Kurz (1966). Es handelt sich um ein Politmärchen der ganz besonders schrecklichen Art. Eines von der Sorte habe auch ich verzapft, nämlich »Kinnhaken«. Was ist eigentlich aus Manfred von Brauchitsch geworden?

In der Basler Zeitung wird ein Psychoanalytiker namens Christian Schneider interviewt. Das Thema: »Wie wirklich sind die Erinnerungen an Kindheit?« Es geht um die Glaubwürdigkeit der Erinnerungen Binjamin Wilkomirskis an eine schreckliche Kindheit. Schneider beruft sich auf Freud, der sich schon die Frage gestellt habe: Gibt es überhaupt bewußte Erinnerungen aus der Kindheit oder bloß solche an die Kindheit? – und geantwortet hat, daß unsere Kindheitserinnerungen uns die ersten Lebensjahre nicht zeigen, wie sie waren, sondern wie sie uns später erschienen sind. Das bedeute, daß alle Erinnerungen dieser Art Konstruktionen sind und daß sie immer einen Anteil von in die Kindheit rückprojizierten Fantasien enthalten. Damit haben Erinnerungen eine eigenständige psychische Realität, die von der sogenannten historischen Wahrheit abweichen kann. Ich würde sagen, je besser ein Schriftsteller seine Erinnerungsarbeit leistet, desto mehr darf und sollte sie von der dokumentierbaren Wahrheit abweichen.

»Am Ohr hängt die Seele des Menschen.« Sagt der Hörforscher Gerald Fleischer. Wir müssen es pflegen und es nicht in Discos, Konzerten und Fabrikhallen kaputtmachen lassen.

***

Ein Gewinn ist, daß ich, zusammen mit dem Ex-Journalisten Wolfram Schroeder, beschloß, einen Verein zu gründen, nämlich: »Alte Säcke e. V.«. Wir beschlossen, diesen Namen und noch ein paar andere wie z. B. »Alte Knacker«, »Alte Ärsche«, »Alte Kacker« und ähnliche schützen zu lassen. Es sollen nur Männer Zutritt haben, die nicht in Vereinen wie »Rotary« oder »Lions« oder bei den Freimaurern sind und die sich vorstellen können, nach Eintritt in die Rente Dinge zu tun, die sie noch nie zu tun gewagt haben. Ein Verlag könnte gegründet werden: »Verlag Alte Säcke«. Es können würdige Männer jeden Alters aufgenommen werden. Frauen sollten einfach deshalb nicht zugelassen sein, weil sie sich sonst überall Zutritt verschafft haben.

Bei Schopmann in Hamburg habe ich zwei bunte Porzellan-Katzen (20. Jhdt.) aus China ersteigert. Sind besser als richtige Katzen; leiden nicht und pissen nicht auf die Teppiche. Otti hat manchmal durchblicken lassen, daß ihr die Katzen ein bißchen fehlen.

Ein ganzes Leben lang habe ich strammgestanden vor allen möglichen TV-Typen und Platten-Typen, bin eingeknickt, wenn sie mir eine schlechte Gage zahlen wollten. Das ist vorbei.

***

Ein Deutscher hat eine ganz einfache Erfindung gemacht: Von einem eiförmigen Kassettenrecorder, den man in der Nähe der Babyohren beim Kopfkissen plaziert, wird das Herzklopfen der Mutter so lange abgespielt, bis das Baby zu schreien aufhört. Alle im Fernsehen gezeigten Babys hörten in Sekundenschnelle mit dem Schreien auf. Genial.

Ein anderer Deutscher, Dr. Bernhard Wessling aus der Nähe von Bremen, ein kleiner Krauter mit 17 Mitarbeitern, hat »Ormecon« erfunden oder gefunden, ein »Organisches Metall«, das als Schutzmittel gegen Rost die fünffache Wirkung gegenüber anderen Mitteln wie Farbe, Mennige usw. erzielt. Etliche Konzerne und deren Professoren können sich das gar nicht vorstellen.

Jeder der vier astronomischen Spiegel, die sie jetzt in Chile auf einen Berg in der Atacama-Wüste bauen, hat einen Durchmesser von über 8 m. Das ganze Ding wird »VLT« (Very Large Telescope, sehr großes Teleskop) heißen. Die vier Spiegel werden dann zusammengeschaltet und über einen Computer koordiniert. Eine Konkurrenz für das kurzsichtige Hubble-Teleskop. Aber wohl nicht lange.

Jeder dieser Spiegel brauchte 2 Jahre, um nach dem Glasguß abzukühlen. Und dann waren 2 weitere Jahre nötig, um die Spiegel zu glätten. Wenn man einen solchen Spiegel auf den Durchmesser des Landes Hamburg vergrößern könnte, würden die Unebenheiten auf der dann riesigen Spiegelfläche nicht größer sein als 1,5 mm. Man würde sehen können, daß auf dem Mond ein Mensch steht. Gerade neulich sind jenseits von Neptun und Pluto neue Planeten entdeckt worden, die werden wir bald zu sehen kriegen.

Die russischen Saatkrähen, die in den letzten Jahren winters die Platanen in der Straße bevölkerten und die Autos in einer Nacht derartig vollschissen, daß die Leute sie nicht wiedererkannt haben, diese Tiere sind dieses Jahr nicht gekommen, sondern haben sich die Mühe gemacht, in den Süden zu fliegen, wo sie rein ornithologisch hingehören. Man nimmt an, daß sie die besondere Härte des kommenden Winters vorausgeahnt und deshalb das ursprüngliche Weite gesucht haben.

***

Die größte Kanone, die es um das Jahr 1500 herum im Brandenburgischen gab, hieß »Faule Grete«. Sie konnte mauerbrechende Steinkugeln verschießen. 36 Pferde mußten angespannt werden, um sie in Stellung zu bringen. Sie zu laden und wieder herzurichten dauerte so lange, daß man nur alle 3 Stunden aus ihr schießen konnte.

In Südafrika hat man den bedeutendsten paläoanthropologischen Fund wenn nicht aller Zeiten, so doch der neueren Zeit gemacht: ein fast ganz erhaltenes, in alte Stalaktiten einer Höhle eingeschlossenes und dort versteinertes Skelett eines Menschenvorfahren noch unbekannten Geschlechts. Alter: dreieinhalb Millionen Jahre. Sie haben es liebevoll »Little Foot« genannt, wegen der auffällig kleinen, kletterbegabten Füße. Einige Jahre hatte der Fund unbearbeitet und wenig beachtet in einem Museumsmagazin gelegen.

***

Hatte noch die Nerven, mir zu einem Glas Rotwein noch eine Sendung über den Baikalsee reinzuziehen. Fragt der Reporter die Försterin und Naturbeauftragte, ob es Wilderer gäbe. Da muß man mit Takt herangehen, sagt sie. Wenn ein Mann 10 Kinder hat, schießt er schon mal ein Schwein oder ein Reh. Wie kriegt er sonst die Kinder satt? Es gibt keine Arbeit am Baikalsee.

Auf den Flohmarkt 17. Juni gefahren und einen gußeisernen, archaisch anmutenden Druckkochtopf von 5½ Litern Inhalt gekauft, dem allerdings einer der beiden Henkel und der halbe Feuerring fehlt. Trotzdem ein Museumsstück von einer Berliner Eisengießerei, wie ich noch keines gesehen habe. Es könnte wohl aus dem Jahre 1880 stammen. Ich habe 4 Stunden an dem Topf herumgekratzt, um ihn zu reinigen.

***

Die Baikal-Robben sind die einzigen Süßwasser-Robben der Welt. Wie sie hierhergekommen sind – man weiß es nicht. Eigentümliche Tiere. Wenn man sie von vorn betrachtet, sehen sie aus, als wenn sie sich gerade die Hände verbrüht hätten. Man bekommt eine Vorstellung davon, wieviel die Evolution bei den ins Wasser zurückgekehrten Tieren noch zu erledigen hat.

Im ZDF einen merkwürdigen australischen Film von 1990 gesehen. Regie: John Power, mit Max von Sydow und Carol Drinkwater. Ein ehemaliger deutscher SS-Mann war an einer Erschießung beteiligt. Ein 12-jähriges Mädchen aus der ermordeten Familie überlebt zufällig und überführt 50 Jahre später den alten Mann, der seine Identität verändert hat, in Melbourne. Er hat inzwischen eine Tochter und zwei Enkel, die ihn lieben. Als seine Tochter die Wahrheit erfährt, kann sie ihn nicht länger im Kreis der Familie dulden und verstößt ihn. So kommt es, daß wir quasi mit Alt-Mengele Mitleid haben. »Seltsam, aber so steht es geschrieben.«

***

Der Museumskäfer ißt gern allerlei Ausgetrocknetes wie Insektensammlungen oder die Haare von ausgestopften Löwen und ausgestorbenen, höchst wertvollen Tieren, zum Beispiel Beutelwölfen. Er ißt immer nur ein Haar nach dem anderen. Erst wenn er das eine bis zur Wurzel aufgegessen hat, folgt das nächste.

In einem Tempel im indischen Staat Punjab haben Sunniten 17 betende Schiiten einfach mit der Maschinenpistole weggeputzt. Sunniten können Schiiten nicht leiden, Schiiten können Sunniten nicht leiden, Schiiten und Sunniten können Juden nicht leiden, Juden können Christen nicht leiden, Christen können Juden und Schiiten nicht leiden und so weiter.

***

Im Fernsehen machen sie öfter Reklame für einen Lift zum Treppenmeiden. Mit dem Ding kann man an der Wand entlang aufwärtsfahren. Es heißt »Lifta«. Seit einem Jahr kucke ich mir das Treppenhaus an und überlege, wie man es montieren könnte.

***

Asteroiden können einige Millionen Tonnen schwer sein. Wenn von denen einer die Erde trifft, gibt's keinen Hunger mehr und kein Aids. Hoffen wir das Beste.

Bei uns gibt es den Meister Petz, den Adebar, den Reineke, den Isegrim usw. Das gibt es auch bei den Russen, so nennen sie den großen Kamtschatka-Braunbären achtungsvoll »Michail Iwanowitsch«. Ist süß, wa?

***

Max Liebermann, der nahe des Pariser Platzes Wohnung und Atelier hatte und der beim Einmarsch der Nazihorden durch das Brandenbuger Tor gesagt hatte: »Ich kann gar nicht so viel fressen, wie ich kotzen könnte«, hat neben anderem noch etwas gesagt: »Wenn Se nach Berlin reinkomm', gleich links.«

***

Das Männchen der Riesenvogelspinne ist nach 3 Jahren geschlechtsreif, und wenn es die Kopulation mit dem Weibchen lebend überstanden hat, legt es sich bald zum Sterben nieder, während das Weibchen ein Alter von 20 Jahren erreichen kann.

Mir fielen vier Postkarten von Jurek in die Hände, die leider nicht in dem Buch »Beckers Neuigkeiten ...« enthalten sind. Vielleicht wäre es nicht allzu schwierig, die Karten in einer Neuauflage nachzuliefern. Ist aber unwahrscheinlich. Deshalb stecke ich sie alle vier in dieses Tagebuch, damit sie nach ihrem Verkauf durch meine Kinder nicht verschellen:

(Poststempel Konstanz 2.11.92)

28.10.92

Lieber Manfred,
gestern habe ich, in einem Café
in Regensburg sitzend und dicht
beim Langweiletod, aus dem Gedächtnis die sieben Kategorien
der brasilianischen Fluggäste notiert:
1. Mit Platzkarte auf dem richtigen Platz
2. Mit Platzkarte auf dem falschen Platz
3. Ohne Platzkarte im richtigen Flugzeug
4. Mit Platzkarte im falschen Flugzeug
5. Ohne Platzkarte im falschen Flugzeug
6. Ohne Ticket im richtigen Flugzeug
7. Ohne Ticket im falschen Flugzeug
Wenn ich doch nur bald wieder –
Dein Jurek

(Poststempel Ludwigsburg, Württemb. 5.11.92)

2. Nov. 92

Lieber Manfred,
gestern, bei der Lesung in Konstanz, wurde ich gefragt, ob es stimmt, daß ich »Liebling« deshalb nicht mehr schreibe, weil wir beide uns verstritten hätten. Ich habe geantwortet, daß ich nie aufhören könnte, Dich zu lieben, selbst wenn Du mich verstießest. Das hat die Leute, glaube ich, sehr beeindruckt.

Noch für zwei Wochen in
der Diaspora
Dein Jurek

(Poststempel Saarbrücken 10.11.92)

Lieber Manfred,
ich komme in bedenkliche Umstände: Wenn ich wo lese, dann war gewöhnlich eine Woche vor mir Elke Heidenreich da, und eine Woche nach mir kommt Konstantin Wecker. Und die Bild-Zeitung bringt ein Portrait von mir. Was soll ich tun – Schnell!
Dein Einundalles J.

9.11.92

Lieber Manfred,
neulich habe ich allen Mut zusammengenommen und bin Deinem Rat gefolgt. Eine hübsche Frau hielt mir ein Buch zum Signieren hin und bat, ich sollte schreiben: Für Anna. Ich habe hingeschrieben: Für Anna – J. B., Pullman-Hotel, Zi. 416. Um es kurz zu machen: aus der Sache ist nichts geworden. Du mußt mir das nochmal genauer erklären. Muß man es so oft wiederholen, bis es klappt?
Bis ganz bald, Dein verwirrter
Jurek

Aus dem Fernsehen erfahren, daß die »Hohe Tatra« das kleinste Hochgebirge Europas sei. Das rührt mich. Genauso, wie es mich rührt, daß die Zwergboa die kleinste Riesenschlange der Welt ist.

***

Im »Spiegel« steht, bis vor drei Jahren sei die Gesamtzahl aller Galaxien auf 50 Milliarden geschätzt und bald darauf sei sie auf 80 Milliarden erhöht worden. Durch die tieferen Blicke, die das Hubble-Teleskop ermögliche, haben die Astronomen nun eine neue Hochrechnung von 125 Milliarden Sternsystemen (Galaxien) gewagt, deren jedes wiederum Milliarden von Sonnen enthalte. Hubble habe Galaxien entdeckt, die schon eine Milliarde Jahre nach dem Urknall entstanden sein sollen. Immer muß ich bei solchen Nachrichten an den Fingernagel des Riesen denken, der nach dem Abschneiden heruntergefallen ist und in dem unser ganzes Weltall Platz hat.

Ich habe das Scheiß-Sony »Professional« zur Post gebracht, welcher der letzte Kassettenrecorder ist, den es noch gibt. Das Ding kostet geschlagene 900 Mark und ist schon nach einem Jahr kaputt. Hat fast nichts geleistet. Es gibt im Handel nur noch einen Kassettenrecorder. Für Opas und Omas. Für normale, dynamische Menschen gibt es mehrere Sorten MiniDisc-Recorder, die technisch viel besser sind und in die man kleine bespielbare Platten reinschiebt. Das ganze Gerät findet unter der Vorhaut eines unbeschnittenen Mannes Platz. Aber was soll es da? Die Finger dieses Mannes müssen nämlich so spitz sein, daß sie immer nur eine der winzigen Bedienungstasten auf diesem Recorder treffen. Nichts für mich. Im ProMarkt am Kudamm habe ich mir den »Professional« von Sony, also das gleiche Scheißding, nochmal gekauft.

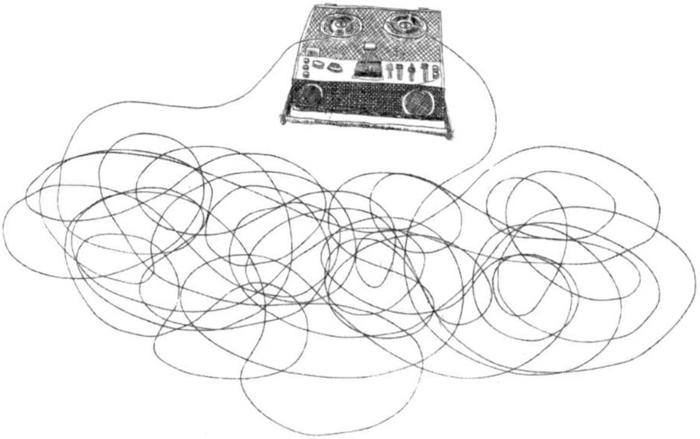

»Beim Anspielen einer neuen ›Chromonica‹ ziemlich stark in die Stimmkanäle blasen, mit Ausnahme der Stimmen Nr. 1–4, die sehr empfindlich sind. Halte das Instrument so, daß kein Speichel in die mit Metall verkleideten Ventil-Lederchen eindringen und ihnen dadurch ihre Elastizität nehmen kann.« ... Diese Winke wurden von einem hervorragenden Virtuosen gegeben. Nach seinen Erfahrungen ist es möglich, eine Chromonica viele Monate lang, bei starkem Gebrauch, in vollkommen spielfähigem Zustand zu erhalten.

***

Die Schriften des Aurelius Augustinus sind erhalten, und man setzt sich bis heute mit ihnen auseinander. Er soll gesagt haben: »Ein Staat ohne Gerechtigkeit ist eine Verbrecherbande.«

Habe mir eine Videokassette angesehen: »Doppeltes Dreieck«. Schöne Kamera, schönes Licht, der Rest unerträglich. Ein Schmachtfetzen, wie man ihn selten sehen kann. Ein Film, der drei Enden hintereinander hat, miserable Dialoge, endlose Pausen, einen unglaublichen Plot, doofe Musik. Ohne Ironie, ohne Scherz, ohne tiefere Bedeutung. Mit ausnahmslos feigen, leisen, wichtigtuerischen Dialogen. Viel besser ist zwar der »Tatort«, den wir drehen müssen, auch nicht. Aber da spiele wenigstens ich mit, das hilft ein bißchen.

***

Der Pyrenäen-Desman ist ein Verwandter des Maulwurfs, der ein Rüsselchen und einen Mauseschwanz hat und dazu Schaufelhände, die er aber zum Schwimmen gebraucht. Wie seine Verwandten sieht er schlecht, und er schwimmt auch nicht besonders. Doch arbeitet er viel im Wasser, wo er taucht, um Würmer und kleine Krebstiere zu fangen. Man spürt, daß sein Umzug noch nicht lange her ist: sein Fell wird noch »naß«.

Die Zeitschrift »Die Woche« schickt ein Belegexemplar und einen Brief: »...Wir würden uns freuen, auch an anderer Stelle wieder mit Ihrem Statement rechnen zu können.« Aber entgegen meinem ausdrücklichen Wunsch haben sie den letzten Satz weggelassen: »Und Ihr hört lieber mit diesen doofen Prominentenumfragen auf. Ihr seht ja: Es kommt nichts dabei raus.« Darunter steht in meinem Brief: »Bitte kein Wort weniger, mehr, oder anders. Weglassen bitte nur im Ganzen. Danke.« Sie haben weggelassen. Mit Journalisten kann man nichts verabreden. Es ist so, wie es immer war.

***

Noch vor etwa 2 Milliarden Jahren hatte die Sonne eine Leuchtkraft von nur 10 % der heutigen. Es hätte passieren können, daß die Erde dadurch vollkommen vergletschert wäre. Und die weiße Oberfläche hätte so viel ins All zurückgestrahlt, daß der Eisklumpen nicht wieder aufgetaut wäre. Viele Prozesse wären nicht recht in Gang gekommen.

Unmengen Bettelbriefe. Diepgen möchte die Prominenten mit Sammelbüchsen zugunsten bedürftiger Kinder auf die Straßen schicken. Der Weddinger Bürgermeister will Geld haben für jugoslawische Kinder, die Milch brauchen. Mehrere Lehrer wollen Geld, Zeichnungen, Gedichte und allerlei Zeug zum Versteigern. Ich verschicke seit Jahren signierte Schuhe, Schlipse, Gürtel. Ich müßte ein Büro einrichten, das mir bei all den Schirmherrschaften und dem ganzen Kram hilft. Noch schaffe ich es, alle diese Briefe, wenn auch zunehmend abschlägig, zu beantworten. Es nimmt überhand.

***

Das Göttinger Gesangstrio »Ganz Schön Feist« besteht aus drei jungen, schlanken Herren. Als letztes Stück sangen sie auch ein Lied, über das ich vor einem Jahr zum ersten Mal schallend gelacht habe: »Du willst immer nur ficken«. Das Stück ist derart komisch, daß ich versuchen will, eine Platte zu kaufen.

Die Martinsgans sollte im nächsten Jahr wieder drei Enten sein. Das Vieh ist schwer zu tranchieren, und Enten schmecken auch feiner. Tilo erzählte, daß es früher am Hofe des chinesischen Kaisers einen berühmten Geflügelzerteil-Meister gegeben haben soll, der die Anatomie der Tiere derart gut kannte, daß er die Messer nicht nachschleifen mußte. Denn die gebratenen Enten und Gänse, wenn sie den Meister nahen sahen, zerfielen von selbst.

***

Sah allein auf MDR nach langen Jahren den »Kriegsfilm« »Meine Stunde Null« wieder, den Jurek 1970 geschrieben und den Jo Hasler inszeniert hatte. Eine ziemlich doofe heitere Märchengurke von einem Überläufer, der sich 1943 nach langem Hadern für die Russen und gegen den faschistischen Krieg entscheidet. Das Ganze in Farbe und Cinemascope. Steif und unglaubwürdig das Ganze. Aber 90 von 100 Kriegsfilmen, vor allem von amerikanischen, sind noch doofer.

Habe einen langen Bericht über den 40-jährigen ukrainischen Massenmörder Anatolij Onoprijenko gesehen. Er war Matrose und hat 53 Menschen ermordet, im Grunde nur deshalb, weil er neugierig auf das Sterben der Menschen war. Er hat die Leute mit einer abgesägten Schrotflinte angeschossen und sie dann mit Messern oder der blanken Hand zu Ende gemordet. Männer, Frauen und Kinder. Er hat die Leute ausgeraubt und die Frauen manchmal geschändet. Die Beute hat er seinen Freundinnen geschenkt. Er war ein unscheinbarer kleiner Kerl, vom Typ her etwa zwischen Tilo Prückner und Michael Kausch. Er war ein wirres Arschloch, das sich für gottnah gehalten hat. Er hat einen 13-jährigen Sohn, der seinem Vater wie ein Ei dem anderen ähnlichsieht. Der Alte sitzt in Schytomyr im Gefängnis und wartet auf die Vollstreckung seines Urteils: Tod durch Erschießen.

Angesichts einer Rotte von aufdringlichen Fotografen sagte Oskar Fischer: »Was habe ich getan, um so eine versammelte Dämlichkeit ertragen zu müssen!«

***

Der Kameramann macht stoisch seinen Job, mehr nicht. Er macht nur Licht. Und das macht er wohl gut. Die besten Leute am Drehort sind die beiden Männer vom Ton. Die hört man nicht, die sieht man nicht. Alle anderen machen auf ihre Weise Unruhe und Krach. Der Regieassistent steht öfter im Bild herum als die Schauspieler. Ihn muß ich fast immer verjagen.

***

Habe eine Erklärung zu der »reformierten Rechtschreibung« gefaxt und darin meinen Ekel ausgedrückt. Da kann ich mich in einer verlorenen Sache mal wieder richtig unbeliebt machen.

Wie komme ich dazu, auf die alten Tage mit einem Regisseur zu kämpfen? Vor jeder neuen Regieanweisung habe ich Angst, weil es mir natürlich wehtut, ihm eine Absage zu erteilen. Aber was soll ich tun? Ich muß an mich denken. Ich will mich nicht blamieren. Mehrere Male am Tag muß ich nein sagen. Ein Regisseur ist nun mal eine Art Vorgesetzter, er darf etwas »verlangen«. Er darf intim werden, er darf ganz dicht an den Schauspieler herankommen, so daß man seine blöden, faulen Gedanken und Ideen aus dem Hirn herausriechen kann.

Aber auch sonst sehe ich vor allem Aktionismus. Allein die Zeit, die das Schlagen einer Klappe kostet. Das sinnlose amerikanische Gebrülle, das unmittelbar vor dem jeweiligen Take losbricht, aus dem man sich das genuschelte »Bitte« des Regisseurs mühsam herausfischen muß, während die Schauspieler eigentlich ein paar Sekunden der Konzentration brauchen.

Ein Spermatozoid lebt im Körper der Frau etwa 3–5 Tage. Es gibt Spermien mit unterschiedlichen Aufgaben. Solche, die Spermien anderer Männer im Körper der Frau bekämpfen und die man Killerspermien nennt, solche, die in Scharen den Muttermund blockieren, um fremde Spermien nicht passieren zu lassen, und solche, die sich auf die Suche nach dem Ei machen, um es zu befruchten. Unglaublich.

Vom Antiquariat Heuberger in Köln-Deutz kam heute ein Buch, das ich vor dreißig Jahren einmal gesehen hatte und das mir damals sehr imponierte. Ich hatte insofern eine Beziehung zu dem Dichter Friedrich Wolf, als ich eine kleine Rolle in dem DEFA-Film »Professor Mamlock« mit Wolfgang Heinz gespielt hatte und vor allem deshalb, weil ich seinen Sohn, den Filmregisseur Konrad Wolf kannte. Durch ihn erfuhr ich erst, daß Vater Friedrich eigentlich Arzt gewesen war und Ende der zwanziger Jahre ein berühmtes Buch mit dem Titel »Die Natur als Arzt und Helfer« geschrieben hatte. Konrad besaß ein Exemplar dieses Buchs, in welchem er selbst und sein älterer Bruder Markus als kleine Buben an der Seite ihres Vaters auf vielen Fotos vorkamen. Alle drei nackt, alle drei Vegetarier. Ich wollte dieses Buch seit damals auftreiben; es ist mir nicht gelungen. Nun hat es Roman Heuberger, der Antiquar aus Deutz, geschafft. Es ist von 1931; 21.–31. Tausend mit 455 Abbildungen und zwei zerlegbaren Modellen. Rotes Halbleder, gut erhalten. Wolf auf vielen Fotos als sportlicher, hübscher Mann mit seinen hübschen Kindern, von denen der ältere später Chef der Stasi-Auslandsspionage wurde, der jüngere Filmregisseur. Beide waren als junge Offiziere der Roten Armee perfekt russisch sprechend zum sozialistischen Aufbau Deutschlands zurückgekehrt.

***

In dem berühmten Fragebogen der FAZ gab der Schauspieler Walter Schmidinger einige originelle Antworten:

»Welche militärischen Leistungen bewundern Sie am meisten?«
Antwort: »Radetzkymarsch.«

»Ihre Lieblingsheldinnen in der Gegenwart?«
Antwort: »Amerikas Außenministerin.« (M. Albright, die besonders hart gegen die Serben vorgegangen ist.)

»Was wäre für Sie das größte Unglück?«
Antwort: »Krieg.«
Tja. Widersprüche.

Salz, wie es seit Jahrhunderten zum Beispiel in Hallstatt (Österreich) abgebaut wurde, ist ein »Kulturstifter« ersten Ranges. Es war Jahrtausende lang das einzige Mittel, Nahrung zu konservieren. Hätte es das Salz und seinen Abbau nicht gegeben, wären wir noch immer Sammler und Jäger.

***

In der Sendung des Talk-Schwadroneurs Fliege sitzt ein Mann namens Egon Gräpel, der allergisch gegen Deos und Parfüms ist. Einmal, als er schon geschlafen habe und seine Frau, von einer Party mit vielen Parfümierten heimkommend, sich nebenan ins Ehebett legte, sei er aufgewacht, und es seien ihm Mordgedanken durch den Kopf gegangen. Durch Flucht ins Nachbarzimmer habe er seiner Frau damals das Leben retten können.

Ich kann Parfüm-Stinkerinnen und Aftershave-Luden und Deo-Müffler auch nicht leiden. Manchmal, wenn man ihnen ein Begrüßungsküßchen gibt, stinkt man den ganzen Abend nach Chemie.

Ottilie hat mich zum Flugplatz gefahren, dort sagte der Mann am Schalter: »Sie fliegen aber erst morgen.« Da hab ich mir ein Taxi genommen und bin wieder nach Hause gefahren. Alzheimer.

***

Einen »Rattenkönig« nennt man von alters her eine Gruppe von mumifizierten Ratten, die sich untereinander mit ihren Schwänzen verknotet haben, und zwar so vollständig, daß ein Entwirren ganz unmöglich ist. In mehreren Museen sind »Rattenkönige« bewahrt oder ausgestellt. Seit Jahrhunderten fragt man sich, wie es zu diesen geheimnisvollen Verschlingungen kommen mag, und bis heute hat man keine schlüssige Antwort gefunden. Es gibt viele Vermutungen, so sagen die einen, im Todeskampf, etwa nach ihrer Vergiftung durch Zyankali, würden die Ratten mit dem Schwanzflechten beginnen. Andere sagen, es genüge einfach Enge, das Zusammengepferchtsein würde die Ratten zur Verzweiflung und damit zur Verknotung bringen.

In Nord-Kalifornien sitzt eine junge Frau namens Julia »Butterfly« Hill, Pastorentochter, seit 22 Monaten in 50 Meter Höhe auf einem Küstenmammutbaum. Die Holzindustrie unter dem Boss Charles Hurwitz sägt gnadenlos die bis zu 100 Meter hohen und bis zu 2500 Jahre alten Bäume in den Redwood-Wäldern ab. Amis sind wie Russen, und Amis und Russen sind wie alle Menschen, und davon gibt's zu viele.

***

Im WDR ein Gespräch mit dem israelischen Philosophen Jeschajahu Leibowitz gesehen. In der Eile nur zwei Sätze bewahrt: »Der Mensch ist unfähig, das, was er weiß, nicht zu wissen« und »Nichts, was es gibt, stellt einen Wert dar; nur das, was es geben sollte«. Außerdem sagt er, er habe gefunden, daß das Wort »Gehirn« in der Bibel nicht ein einziges Mal erscheint.

In der Raubkatzentruppe eines Zirkus' ist es zu einer Kopulation zwischen einem Taigatiger und einer afrikanischen Löwin gekommen. Ergebnis: 3 sehr seltene Mischlinge, die von den Wissenschaftlern »Liger« genannt werden. Die Elterntiere könnten sich in Freiheit nicht begegnen, weil sie in verschiedenen Klimazonen und Erdteilen leben. Wie Maultiere sind sie nicht vermehrungsfähig, ansonsten jedoch stattlich, schön und zu den im Zirkus üblichen Dingen tauglich.

Martin Behaim, Sproß einer Nürnberger Kaufmannsfamilie, hat Ende des 15. Jahrhunderts aus Leder, Leinwand, Holz und Leim den ersten Globus hergestellt, den er Erdapfel nannte. Schon er hat, und das wird bis heute so gemacht, 12 Papiersegmente in der Form geschnittener Apfelsinenschalen verwendet, die aneinandergeklebt die Kugelform ergeben.

***

In Indien sind jeden Tag 13 Millionen Menschen mit der Eisenbahn unterwegs, das sind nur 4 Millionen weniger, als die ganze DDR Einwohner hatte.

***

Der fluguntüchtige Wüstenvogel, den die Amerikaner Roadrunner nennen, peest mit 59 km/h durch die Gegend. Er frißt Insekten, ist aber mutig genug, auch Klapperschlangen zu Tode zu hacken, um sie zu verzehren. Was hat der Roadrunner früher gemacht, ohne Roads? Er trug einen anderen Namen.

Eine österreichische Buchschreiberin, Gerti Senger, hat herausgefunden, daß die Frauen sogenannte Softies nicht sehr zu schätzen wissen. Das weiß ich schon länger.

***

Der Narwal, das »Einhorn des Meeres«, lebt zwischen Grönland und Canada. 40.000 Taler zahlten Könige des Mittelalters für einen einzigen Narwal-Zahn. Man rieb diesen Zahn zu Pulver und nahm es gegen alle möglichen Krankheiten ein, ähnlich, wie es noch heute die Japaner mit dem Pulver aus Nashorn machen.

***

Nachts eine wunderbare Sendung über Nietzsche, seinen Turiner Aufenthalt und endliches Irrewerden gesehen. Ergreifend.

In Hamburg regnet es oft. Das sieht man daran, daß kaum in einer anderen deutschen Stadt so viele Dächer mit Kupfer gedeckt sind. Die Wikinger wollten damals nicht länger auf den Meeren herumfahren, um ihre Blondheit zu verbreiten, und haben bei der Besiedelung der Stadt ihre Schiffe an Land getragen und umgedreht. So hatten sie erst einmal ein Dach über dem Kopf, das sie später mit Kupfer benagelt haben. Die Hälfte des deutschen Dachkupfers ist wegen des regnerischen Wetters in Hamburg vernagelt worden. Das hat dazu geführt, daß es dort die dichtesten Dächer gibt und darunter die trockensten Zimmer, für die man die höchsten Mieten bezahlen muß, die nur noch von Ärzten und Rechtsanwälten aufgebracht werden können. So mußten viele Wikinger sich im Laufe der Jahrhunderte von Seegangstern in Stadtgangster verwandeln. In Hamburg wohnen keine richtigen Menschen mehr, nur noch Nutznießer. So sind die Wikinger mit ihren umgedrehten Booten daran schuld, daß Hamburg eine der totesten Städte in Deutschland ist. Die Stadt bleibt dir unbekannt, weil ihre Menschen woanders hingezogen sind. Manchmal muß ich an schrulligen Gedankengängen entlang, um die wahren Zusammenhänge zu erkennen.

***

Die Dickschwanzschmalfußbeutelmaus ist ein kleines Raubtier, das nach 10 Wochen geschlechtsreif ist und bis zu 10 Junge in seinem Beutel tragen kann. Nachdem die Väter begattet haben, werden sie oftmals von den frisch Geschwängerten gegessen.

***

Was man heute alles für komplizierte Sachen über den Weihnachtsmann hört. Daß er auch unter dem Namen Santa Claus bekannt sei, daß er aus dem Hohen Norden komme, wahrscheinlich aus dem amerikanischen Hohen Norden, aus Alaska, daß sein Schlitten von Rentieren gezogen würde usw. Zu meiner Zeit kam der Weihnachtsmann gerade aus dem nächsten Wald, hatte Bart und Rute, und den meist schlaffen Sack hat er selbst geschleppt.

Kunst sollte nicht zum Geldverdienen da sein, sondern dazu, andere Menschen zu inspirieren, und dich selbst zu befreien. Gedanken müssen zu Ende gedacht, Gefühle zu Ende gefühlt werden. Oder nicht zu Ende, nur weiter ...

ISBN 978-3-98568-115-0

1. Auflage 2024

Umschlaggestaltung Ingo Neumann / boldfish
unter Verwendung einer Radierung von Moritz Götze
Herstellung: Daniel Klotz / Die Lettertypen
Satz: Marco Stölk
Druck und Bindung: Pustet, Regensburg
Printed in Germany

www.kanon-verlag.de